BEI GRIN MACHT SICH IHR WISSEN BEZAHLT

AF167014

- Wir veröffentlichen Ihre Hausarbeit, Bachelor- und Masterarbeit

- Ihr eigenes eBook und Buch - weltweit in allen wichtigen Shops

- Verdienen Sie an jedem Verkauf

Jetzt bei www.GRIN.com hochladen und kostenlos publizieren

Beratung eines Consulting Unternehmens. Projektarbeit "Neue Technologien"

Martin Horvat

Bibliografische Information der Deutschen Nationalbibliothek:

Die Deutsche Nationalbibliothek verzeichnet diese Publikation in der Deutschen Nationalbibliografie; detaillierte bibliografische Daten sind im Internet über http://dnb.d-nb.de abrufbar.

ISBN: 9783346332691
Dieses Buch ist auch als E-Book erhältlich.

Druck und Bindung: Books on Demand GmbH, Norderstedt Germany
Gedruckt auf säurefreiem Papier aus verantwortungsvollen Quellen

Das vorliegende Werk wurde sorgfältig erarbeitet. Dennoch übernehmen Autoren und Verlag für die Richtigkeit von Angaben, Hinweisen, Links und Ratschlägen sowie eventuelle Druckfehler keine Haftung.

Das Buch bei GRIN: https://www.grin.com/document/980151

Neue Technologien

Studiengang:

LV / Modul: LV2 / Digital Business und Innovationsmanagement

Name: Martin Horvat

Datum: 22.12.2020

Inhaltsverzeichnis

Abbildungsverzeichnis

1 Einleitung

Im Rahmen dieser Arbeit soll ein Consulting Unternehmen in Bezug auf die Neuanschaffung einer Software beraten werden. Bei der Neuanschaffung wird hohen Wert auf die internationalen Tätigkeiten, sowie auf die Möglichkeit der Mitarbeiter zum Home Office gelegt. Datenzugriff sowie Datensicherheit sind wichtige Kriterien, die in dieser Arbeit analysiert werden. Zuerst wird in der Arbeit auf den Vergleich zwischen Standard- und Individualsoftware eingegangen und in den darauffolgenden Kapiteln auf den Einsatz der richtigen Cloudarchitektur. Der Einsatz von Webservices wird ebenfalls anhand eines Beispiels für die ABC GmbH erläutert, sowie deren Merkmale zur Unterstützung der innerbetrieblichen Prozesse aufgezeigt. Der Projektverlauf für einen agilen Entwicklungsansatz wird anschließend ebenfalls anhand einer ausgewählten Methode erläutert. Zum Schluss werden die theoretischen Grundlagen erläutert, wie in kurzer Zeit eine App mit Datenbankzugriff entwickelt werden kann, welche unterschiedliche Handybetriebssysteme unterstützt und mit anderen Entwicklungsformen verglichen.

2 Standardsoftware, oder doch Individualsoftware?

Im Zuge der Digitalisierung und der somit verbundenen Darstellung von Geschäftsprozessen durch Systeme und Applikationen, gewinnt für Unternehmen in der heutigen Zeit immer mehr an Bedeutung.[1] Bei der Entscheidung zwischen Standard- oder Individualsoftware kommt es dabei sehr auf die Anforderungen und Bedürfnisse des Kunden an, welche Lösung für den Einsatz im Unternehmen besser geeignet ist. Das Consulting Unternehmen ABC GmbH befasst sich aktuell mit genau dieser Fragestellung. Durch welche Software soll ihr veraltetes System abgetauscht werden, um den Anforderungen des Unternehmens gerecht zu werden. Bevor auf die vorgeschlagene Lösung näher eingegangen wird, werden zuerst diverse Begrifflichkeiten vorgestellt und erläutert. Der Begriff Software ist das Gegenteil zu den physischen Hardwarekomponenten, die in einem Rechnersystem verbaut sind.[2] Dies sind zum Beispiel Anwendungen zur Text- oder Bildverarbeitung bis hin zu ERP-Lösungen. Dabei lässt sich die Software grundsätzlich in zwei Hauptgruppen unterteilen, nämlich der Basis- oder Systemsoftware und der Anwendungssoftware.[3] Abbildung 1 zeigt den Unterschied zwischen Basis- od. Systemsoftware, verglichen zur Anwendungssoftware.

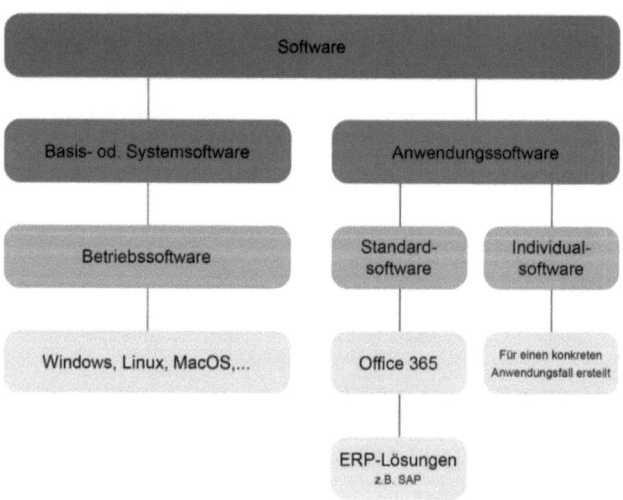

Abbildung 1: Software Struktur und Beispiele (in Anlehnung an Helbling I.)[4]

---

[1] Vgl. Schäuble S. (2017), Standardsoftware oder Individualsoftware, URL, abgerufen am 05.12.2020
[2] Vgl. Gründerszene Lexikon (2019), Software, URL, abgerufen am 05.12.2020
[3] Vgl. Essay Neue Technologien (2020), E-Learning Group, S. 35
[4] Vgl. Helbling I. (2014), Software Struktur und Beispiele, URL, abgerufen am 06.12.2020

Die Standardsoftware ist ein Teil der Anwendungssoftware und wird für den Massenmarkt entwickelt und für verschiedenste Betriebssysteme bereitgestellt. Der Einsatz von Standardsoftware in Unternehmen bringt wesentliche Vorteile mit sich, unter anderem Kostenvorteile, Zeitersparnisse verglichen mit der Entwicklung einer Individualsoftware, sowie die betriebswirtschaftliche und EDV-technische Qualität.[5] Zu bekannten und am Markt etablierten Standardsoftwares, gehört Office 365 von Microsoft, sowie SAP für ERP-Lösungen. Das Betriebssystem (engl. OS von Operating System) wiederum ist die Grundvoraussetzung für ein Rechnersystem, um überhaupt funktionieren zu können.[6]

Heute werden betriebswirtschaftliche Lösungen hauptsächlich mit Standardsoftware umgesetzt und realisiert.[7] Der Einsatz von Individualsoftware macht unter anderem dann Sinn, wenn sich die Unternehmen strategische Wettbewerbsvorteile gegenüber der Konkurrenz erhoffen.[8] Für die ABC GmbH ist es wie Eingangs erklärt das Ziel, deren veraltete Software durch den Ankauf einer neuen Softwarelösung, abzutauschen. Die ABC GmbH ist ein gewöhnliches Consulting Unternehmen, was als Indiz für gewöhnliche Unternehmensprozesse und -abläufe, interpretiert werden kann. Für das Wahrnehmen von vielen internationalen Kundenterminen wie auch der Möglichkeit der Mitarbeiter, Home-Office zu betreiben, wäre der Einsatz von Standardsoftware sinnvoller. Trotzdem sollten zuerst in einer Evaluationsphase, die Bedürfnisse und Wünsche seitens der ABC GmbH abgeholt werden, um zu sehen, wie gut die gewählte Standardsoftware zu den internen Abläufen und Prozessen passt.

Weitere wichtige und zu berücksichtigende Punkte in der Auswahl der neuen Softwarelösung sind, die ortsunabhängige Kollaboration unter den Mitarbeitern, sowie dem Datenzugriff von verschiedenen Endgeräten (Desktop, Notebook und Mobile-Geräte) aus.[9] Hier bieten die vorhandenen Standardsoftwarelösungen erhebliche Vorteile am Markt. Der Vorteil, dass es hierfür „Out-of-the-Box" Lösungen gibt, beschleunigt die Integration der neuen Softwarelösung in die IT-Landschaft der ABC GmbH und bringt im Vergleich zur Entwicklung einer Individualsoftware, geringere finanzielle Investitionen. Die Zuverlässigkeit einer solchen Software – ein Merkmal der Softwarequalität[10]

---

[5] Vgl. Wirtschaftslexikon24, Standardsoftware, URL, abgerufen am 13.12.2020
[6] Vgl. Hansen H. (Wirtschaftsinformatik 1. Grundlagen und Anwendungen), S. 539
[7] Vgl. Hansen H. (Wirtschaftsinformatik 1. Grundlagen und Anwendungen); S. 143
[8] Vgl. Hansen H. (Wirtschaftsinformatik 1. Grundlagen und Anwendungen); S. 143
[9] Vgl. Computerworld (2020), URL, abgerufen am 16.12.2020
[10] Vgl. dev-insider (2019), URL, abgerufen am 16.12.2020

– ist bei der Anwendung von Standardsoftwäre ebenfalls meist höher, da die Softwarehersteller diese Lösungen für die breite Masse entwickeln, und auf eine meist langjährige Erfahrung in der Entwicklung und beim Support, zählen können. Durch die stetige Weiterentwicklung von Standardsoftware-Angeboten kann sich die ABC GmbH auch sicher sein, dass die eingesetzte Software bei einer möglichen Gesetzesänderung oder durch Sicherheitsupdates, stets auf dem neuesten Stand ist.[11]

Im Vergleich wäre es in diesem Zusammenhang noch sinnvoll, der ABC GmbH nicht nur die Vorteile im Einsatz von Standardsoftware aufzuzeigen, sondern auch auf eventuelle Nachteile, aufmerksam zu machen. Wie im vorherigen Abschnitt erwähnt, sollten durch eine Evaluation zu Beginn, die Bedürfnisse und Anforderungen der ABC GmbH, aufgenommen werden. Zu beachten gilt es unter anderem, ob die Neuanschaffung mit anderen Softwarelösungen über Schnittstellen verbunden werden kann, ob die internen Prozesse angepasst werden müssen und man somit eventuell einen wichtigen Wettbewerbsvorteil gegenüber der Konkurrenz verlieren könnte.[12]

Abschließend kann gesagt werden, dass der Einsatz von Standardsoftware für das Consulting-Unternehmen der ABC GmbH aufgrund der erwähnten Vorteile, besser geeignet wäre als die Entwicklung einer Individualsoftware.

3   Der Einsatz der richtigen Cloudarchitektur

Im Zusammenhang mit der Bereitstellung von Computerressourcen über das Internet in einer Cloud, wird auch von Cloud Computing gesprochen.[13] Wesentliche Merkmale von Cloud Computing sind On-Demand Self Service, breiter Netzwerkzugriff, Ressourcenzusammenlegung, schnelle Elastizität sowie messbarer Service.[14] Die Cloudarchitektur beschreibt die Integration einzelner Technologien in Cloudlösungen.[15] Zuerst sollte die Art der Cloudbereitstellung definiert werden, um anschließend das passende Servicemodell, auswählen zu können.

3.1   Bereitstellungsmerkmale

Es gibt vier Bereitstellungsmerkmale von Cloudlösungen. Diese sind die Private Cloud, die Community Cloud, die Public Cloud sowie die Hybrid Cloud. Bei der Private Cloud ist es nur ausgewählten Nutzern oder Nutzern in internen Netzwerken möglich, auf die

---

[11] Vgl. it-zoom (2016), URL, abgerufen am 16.12.2020
[12] Vgl. Essay Neue Technologien (2020), E-Learning Group, S.36
[13] Vgl. Microsoft (2020), URL, abgerufen am 17.12.2020
[14] Vgl. Essay Neue Technologien (2020), E-Learning Group, S.16
[15] Vgl. Red Hat (2020), URL, abgerufen am 17.12.2020

Ressourcen zuzugreifen. Diese können unter anderem, im eigenen Unternehmen be-
trieben werden, wodurch zusätzliche Investitionen für die Anschaffung der Hardware
anfallen.[16] Die Community Cloud dient der gemeinsamen Verwendung zweier- oder
mehrerer Unternehmen, die beispielsweise am gleichen Projekt arbeiten, wobei eines
der Unternehmen die Infrastruktur betreibt.[17] Die Public Cloud ist wie der Name schon
sagt, eine öffentlich zugängliche Cloud, bei der alle Komponenten über einen Drittan-
bieter z.b. über das öffentliche Internet bereitgestellt werden. Anstelle des öffentlich
zugänglichen Internets bietet Microsoft mit Azure ExpressRoute die Möglichkeit, eine
zwischen Azure-Rechenzentren und lokalen Infrastrukturen, private Verbindung her-
stellen zu lassen.[18] Abbildung 2 zeigt das Prinzip von Microsoft Azure ExpressRoute.

Diese Abbildung wurde aus urheberrechtlichen Gründen von der Redaktion entfernt

Abbildung 2: Microsoft Azure ExpressRoute Prinzip (Microsoft Corporation)

Da der Anbieter für die gesamte Wartung und Verwaltung verantwortlich ist, entfallen
hier die internen Kosten für den Erwerb der Hardware wie auch deren Verwaltung und
Wartung.[19] Eine Hybrid Cloud ist die Kombination aus zwei oder mehreren der bereits
vorgestellten Cloudlösungen. Dabei können sich zum Beispiel Daten und Applikationen zwischen einer Private Cloud und einer Public Cloud austauschen. Somit könnten
sensible Daten und Applikationen auf der Private Cloud abgelegt werden, und Rechen-
ressourcen für kurzfristige Spitzenbelastungen extern bezogen werden.[20]

3.2 Cloud Servicemodelle

Bei den Servicemodellen von Cloudcomputing wird unterschieden zwischen Iaas,
Paas und Saas. Für die ABC GmbH mit den Anforderungen nach Home Office, inter-
nationaler Tätigkeit, sind dabei wichtige zu beachtende Punkte. Die genannten Cloud
Servicemodelle werden kurz vorgestellt, und anhand der Anforderungen der ABC
GmbH untersucht. Alle drei Servicemodelle sind aufeinander aufbauend.[21]

---

[16] Vgl. Essay Neue Technologien (2020), E-Learning Group, S.12
[17] Vgl. Essay Neue Technologien (2020), E-Learning Group, S.12
[18] Vgl. Microsoft Azuer (2020), URL abgerufen am 17.12.2020
[19] Vgl. Microsoft (2020), URL, abgerufen am 17.12.2020
[20] Microsoft (2020), URL, abgerufen am 17.12.2020
[21] Vgl. Microsoft (2020), URL, abgerufen am 17.12.2020

3.3 IaaS – Infrastructure as a Service

Dieses Servicemodell bietet lediglich die Miete von Hardware, in einem externen Rechenzentrum eines Cloudanbieters.[22] Damit ist gemeint, dass virtuelle Computer oder Server mit unterschiedlichen Leistungsmerkmalen, für die Dauer der Benutzung, gemietet werden können. Für die ABC GmbH würde dies konkret bedeuten, dass das Unternehmen „nur" Computer in einer Cloud anmieten würde, sich jedoch vollumfänglich um die Software, der Wartung und den Betrieb sowie auch Updates kümmern müsste. Der Provider garantiert nur, die Einsatzbereitschaft des Rechenzentrums.[23]

3.4 PaaS – Platform as a Service

Platform as a Service baut als Grundlage auf der IaaS auf. Sie beinhaltet neben der virtuellen Hardware der Iaas, auch das Betriebssystem, die Middleware, Datenbankverwaltungssysteme, Entwicklungstools und mehr.[24] Dieser Service wird überwiegend für die Bereitstellung, Entwicklung und dem Betreiben von Anwendungen benutzt.

3.5 SaaS – Software as a Service

Bei Software as a Service handelt es sich um eine Cloud Lösung, bei der Softwareanwendungen über das Internet bereitgestellt werden.[25] Die Software muss nicht mehr auf dem lokalen Rechner installiert sein und somit können Anwendungen und Daten, von diversen Endgeräten, Ortsunabhängig abgerufen werden.[26] Im Gegensatz zu den On-Premise-Konzepten, bietet SaaS nicht nur die Lizenz auf Abonnementbasis und den Support, sondern auch Betrieb und Wartung der Software.[27] Je nach Bedarf der ABC GmbH – z.B. bei zusätzlichem Personal – können weitere Abonnements über ein Webinterface auf der jeweiligen Plattform, online aktiviert und für die Anzahl der Benutzer erweitert werden. Durch die Auslagerung der Anwendungen wie auch deren Verwaltung an den Dienstleister, übernimmt dieser auch die Wartung und Aktualisierung der Software.[28] Ein weiterer Bestandteil des Servicepakets des Dienstleisters, ist der Datenschutz. Durch die Speicherung und Verarbeitung personenbezogener Daten, unterliegen die Dienstleister und deren Kunden, den Bestimmungen der Datenschutz-Grundverordnung (DSGVO).[29] Bekannten Anwendungen, welche auf SaaS

---

[22] Vgl. Microsoft (2020), URL, abgerufen am 17.12.2020
[23] Vgl. Essay Neue Technologien (2020), E-Learning Group, S.21
[24] Vgl. Microsoft (2020), URL, abgerufen am 17.12.2020
[25] Vgl. Microsoft (2020), URL, abgerufen am 17.12.2020
[26] Vgl. Kohlbrenner N. (2019), URL, abgerufen am 17.12.2020
[27] Vgl. salesforce.com (2020), URL, abgerufen am 17.12.2020
[28] Vgl. Microsoft (2020), URL, abgerufen am 17.12.2020
[29] Vgl. Kohlbrenner N. (2019), URL, abgerufen am 17.12.2020

basieren sind Microsoft Office 365, Salesforce (CRM – Customer Relationship Management) sowie auch SAP. Durch die aufgezeigten Vorteile der SaaS in Bezug auf Kosten, Flexibilität, Verwaltung, Datenzugriff und Datenschutz, wäre diese Lösung der ABC GmbH zu empfehlen. Der Anforderung nach Home Office, kann ebenfalls nachgekommen werden.

4 Sinnvoller Einsatz von Webservices

4.1 Webservices

Ein Webservice ist ein Dienst, der aus der Kommunikation zwischen Maschine zu Maschine besteht und über eine Netzwerkanfrage ausgelöst wird. Webservices lassen sich von unterschiedlichen Plattformen und Endgeräten aus abrufen.[30] Das Problem von Anbietern vor einigen Jahren war es, dass diese viele unterschiedliche und individuelle Schnittstellen angeboten hatten und man somit der eigentlichen Geschäftslogik ausgewichen ist. Die Geschäftslogik beschreibt, nach welcher Logik Daten anhand von Geschäftsprozessen erstellt, gespeichert und verändert werden können.[31] Damit der Kommunikationsaustausch funktioniert, bedingt es ein standardisiertes Protokoll wie z.B. SOAP, das von allen angesprochenen Clients verstanden und verarbeitet werden kann. Man spricht hier auch von standardisierten und nicht proprietären Formaten für die Kommunikation.[32]

4.2 Einsatz im Unternehmen

Für ein Consulting Unternehmen, kann der Einsatz von Webservices eine wichtige Rolle einnehmen. Die Organisation von Kundenevents, Workshops und weiteren Veranstaltungen, fanden in Vergangenheit z.B. durch den Postversand von Einladungen statt. Mittels des Einsatzes von Webservices, kann die ABC GmbH diese Einladungen elektronisch und so gut wie automatisiert, mit wenig Aufwand erledigen lassen. Dabei könnten zum Beispiel alle im CRM-System erfassten Kunden, auf einzelne Branchen selektiert und für ein entsprechendes Event eingeladen werden. Die Kunden erhalten eine E-Mail, mit der die Weiterleitung auf die Webseite zur Anmeldung führt. Die akzeptierten Einladungen werden im CRM erfasst und falls das Event kostenpflichtig ist, kann die Rechnung mittels API-Anbindung an die ERP Software an den Kunden

---

[30] Vgl. Luber S., Karlstetter F. (2019), URL, abgerufen am 18.12.2020
[31] Vgl. Frey T., (2020), Interview, durchgeführt am 12.12.2020
[32] Vgl. Hansen H. (Wirtschaftsinformatik 1. Grundlagen und Anwendungen), S. 142

elektronisch versendet werden. Die definitive Teilnahmebestätigung zum Event wird dann versendet, wenn der Zahlungseingang in der Buchhaltung verbucht werden konnte. Hierbei wäre noch wichtig zu erwähnen, dass durch die Modernisierung der eingesetzten Software im Unternehmen der ABC GmbH, unter Umständen auch Wert auf eine Service-Orientierte-Architektur der IT-Landschaft gelegt werden könnte, auch SOA genannt. „Das Wesen einer serviceorientierten Architektur besteht darin, Funktionen gekapselt mit standardisierten Schnittstellen zur Verfügung zu stellen und dadurch lose gekoppelte Anwendungskomponenten zu ermöglichen."[33] Dies würde es der ABC GmbH erlauben, vorhandene Systeme mittels Webservices einbinden zu können unter der Voraussetzung, das der Support der älteren Systeme noch gewährleistet ist.

5 Agiler Entwicklungsansatz

5.1 Scrum Methode

Der Begriff Scrum aus dem Rugbysport abgeleitet, bezeichnet das Gedränge des ganzen Teams bei einem Einwurf, in eine Richtung. In einem Unternehmen ist damit das Arbeiten von Multidisziplinaren Teams, in kurzen Zeitintervallen, an einem Projekt gemeint.[34] „In einem Scrum-Projekt geht man von 30-tägigen, sich ständig wiederholenden Prozessen, sogenannten „Sprints", aus."[35] Die täglichen Scrum-Meetings (in der Regel 15min.) sorgen dafür, den Erfahrungsaustausch zwischen den Teammitgliedern sicherzustellen und dessen Kommunikation untereinander zu verbessern. Es ist hierbei nicht das Ziel, direkt Probleme zu lösen.[36] Für das Consulting Unternehmen der ABC GmbH ist damit gemeint, dass sich Teams aus verschiedenen Abteilungen bilden und gemeinsam an einem Projekt für die Umsetzung arbeiten und dieses in definierten Zeitintervallen besprochen wird. Der agile Entwicklungsansatz der Scrum-Methode, beinhaltet dabei verschiedene Elemente.

5.2 Elemente in einem Scrum-Projekt

Ein gewöhnliches Scrum-Projekt beinhaltet die Rollen des Product Owners, des Scrum Masters sowie dem Scrum Team. Der Product Owner ist dabei der Herr über das Produkt, also verantwortlich über die Arbeiten des Entwicklungsteams. Er erstellt dabei eine klar formulierte Liste mit Anforderungen, welche richtig priorisiert und verständlich

---

[33] Vgl. Hansen H. (Wirtschaftsinformatik 1. Grundlagen und Anwendungen), S. 141
[34] Vgl. borisloger consulting GmbH (2020), URL, abgerufen am 19.12.2020
[35] Vgl. Essay Neue Technologien (2020), E-Learning Group, S.45
[36] Vgl. Essay Neue Technologien (2020), E-Learning Group, S.47

geschrieben ist, zur optimalen Zielerreichung, auch Product Backlog genannt.[37] Der Scrum Master sollte eine neutrale Person im Projekt sein, welche primär das Entwicklungsteam von administrativen und organisatorischen Aufgaben, entlasten sollte.[38] Das Entwicklungsteam ist in der Regel eine Gruppengröße bis max. 6 Personen aus verschiedenen Abteilungen und organisiert sich selbst. Es ist dafür verantwortlich, die Ziele eines Sprints zu erreichen. Das Sprint-Backlog ist ein Auszug des Product-Backlogs und wird vom Entwicklungsteam verwaltet, und mit zusätzlichen Informationen während eines Sprints angereichert. Das Sprint-Backlog dient auch zur Prognose der Entwicklungen, welche Funktionalitäten im nächsten Update enthalten sein werden.[39]

5.3 Ablauf eines Scrum-Projekts

Zu Beginn eines Sprints gibt es eine Sprintplanungssitzung, die vom Scrum-Master geleitet wird. Während eines Sprints, wird das neu auszuliefernde Feature oder Produkt erstellt. Die Aufgaben für das Entwicklungsteam für die nächsten 24 Stunden, werden in den Daily-Scrums welche max. 15 Minuten dauern, besprochen. Ziel des Daily-Scrums ist es nicht direkt Probleme zu lösen. Es geht hierbei mehr um den Erfahrungsaustausch zwischen dem Team und dem aktuellen Status des Projekts. Der Scrum-Master hat hier lediglich die Aufgabe zu sehen, ob die Meetings auch eingehalten werden und zu prüfen ob klar ist, was die Aufgaben für die kommenden 24 Stunden sind.[40] Am Ende eines Sprints wird das Sprint-Review Meeting abgehalten, wo das Entwicklungsteam die Ergebnisse des Sprints präsentieren, und von diesem Feedback bekommen. Dieses Meeting wird vom Scrum-Master organisiert und dieser lädt neben dem Product Owner und dem Entwicklerteam, noch weitere wichtige Personen für das Meeting ein wie z.B. Kunden oder Vorgesetzte.[41] Nach dem 4-stündigen Sprint-Review Meeting gibt es noch das Sprint-Retroperspective, in welchem die Arbeitsweise reflektiert wird, welches das Entwicklungsteam durchlaufen hat. Es wird darüber diskutiert, was gut gelaufen ist und was weniger und versucht, für den anstehenden Sprint zu verbessern. Die folgende Abbildung zeigt dabei den Projektverlauf der Scrum-Methode grafisch auf:

---

[37] Vgl. Frey T., (2020), Interview, durchgeführt am 12.12.2020
[38] Vgl. Essay Neue Technologien (2020), E-Learning Group, S.46
[39] Vgl. Agile Scrum Group B.V. (2020), URL, abgerufen am 20.12.2020
[40] Vgl. Brandt-Pook H., Kollmeier R., (Softwareentwicklung kompakt und verständlich), S.32
[41] Vgl. Brandt-Pook H., Kollmeier R., (Softwareentwicklung kompakt und verständlich), S.31

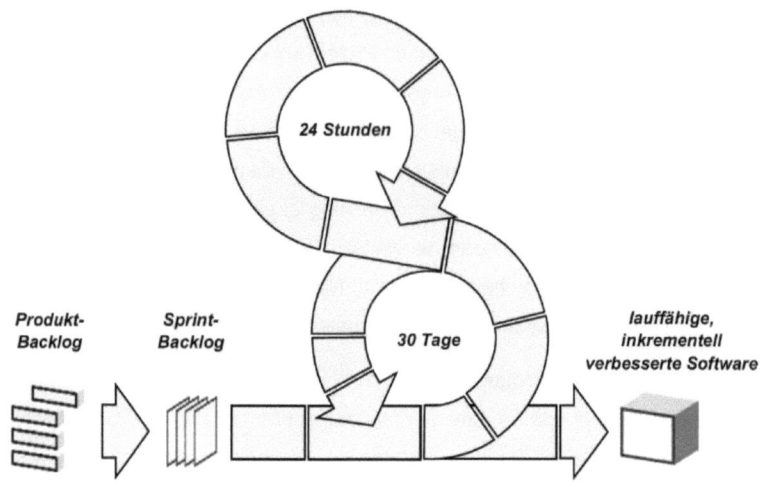

Abbildung 3: Scrum (Brandt-Pook H., Kollmeier R.)[42]

6 Herangehensweise für die Oberflächenkonzeption

6.1 Grundlegendes

Die Oberflächenkonzeption einer Software bezieht sich auf die Benutzeroberfläche und ist eine Schnittstelle, über welche der Benutzer eine Software oder eine Hardware verwenden kann und sollte intuitiv, gut verwendbar und benutzerfreundlich gestaltet werden.[43] Für das Consulting Unternehmen der ABC GmbH kommt es darauf an, inwiefern die neu verwendete Standardsoftware in der visuellen Oberfläche individualisiert werden kann. Verschiedene CMS- und auch ERP-Lösungen bieten Möglichkeiten, kleinere visuelle Anpassungen mittels eines Maskendesigners, machen zu können.[44] Daher wird im folgenden Beispiel für die ABC GmbH, auf die Oberflächenkonzeption der Firmenwebseite verwiesen.

6.2 Schritt 1 – Ansatz Oberflächenkonzeption

In der Planung einer zum Beispiel neuen Webseite geht man wie in den meisten Projekten, vom groben zum feinen. Das bedeutet, dass erste Ideen in Handskizzen festgehalten werden, und man sich in den weiteren Schritten um die Erstellung von

---

[42] Vgl. Brandt-Pook H., Kollmeier R., (Softwareentwicklung kompakt und verständlich), S.32
[43] Vgl. Henschel A. (2015), URL, abgerufen am 20.12.2020
[44] Frey T., (2020), Interview, durchgeführt am 12.12.2020

Wireframes, Mock-Ups und Prototypen kümmert.[45] Diese Herangehensweise wird in der folgenden Abbildung verdeutlicht.

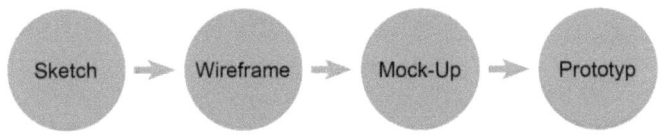

Abbildung 4: Prozess Visualisierungsformen (in Anlehnung an Graubner L.)[46]

6.3 Schritt 2 – Verwendung von Wireframes

Aufgrund des vorgestellten Vorangehens weise, sollte man sich zuerst grundlegend auf die Ausarbeitung von Wireframes fokussieren. Wireframes (aus dem englischen für Drahtgerüst) sind einfache Darstellungen einer Softwareoberfläche im zweidimensionalen Bereich. Ziel bei der Verwendung von Wireframes ist die Fokussierung respektive auf die Priorisierung von Inhalten und Funktionen.[47] Dabei wird bewusst auf die Verwendung von Farben und finalen Schriften verzichtet, um das Design nicht auf visueller Ebene zu analysieren, sondern auf Funktionalität und Benutzerführung. Die Erstellung von Wireframes kann von gewöhnlichen Handskizzen, bis hinzu von Computerunterstützten Applikationen wie z.B. mithilfe von Adobe XD reichen. Beide Herangehensweisen haben Ihre eigenen Vorteile. Beim Ansatz über die Skizze gelangt man in kurzor Zeit und mit einfachen Mitteln zu Resultaten, die besprochen und verfeinert werden können. Sollte die Verwendung von Software in wie mit Adobe XD in Betracht gezogen werden, benötigt es vorab neben der Lizenz zur Software auch die entsprechenden Kompetenzen, um mit der Software umgehen zu können, jedoch kann das Wireframe für die weitere Bearbeitung von Mock-Ups einfach als Basis weiterverwendet werden. Abbildung 4 zeigt ein in Adobe XD erstelltes Wireframe.[48]

---

[45] Vgl. Graubner L. (2016), URL, abgerufen am 20.12.2020
[46] Vgl. Graubner L. (2016), URL, abgerufen am 20.12.2020
[47] Vgl. Essay Neue Technologien (2020), E-Learning Group, S.52
[48] Vgl. Adobe XD (2020), URL, abgerufen am 20.12.2020

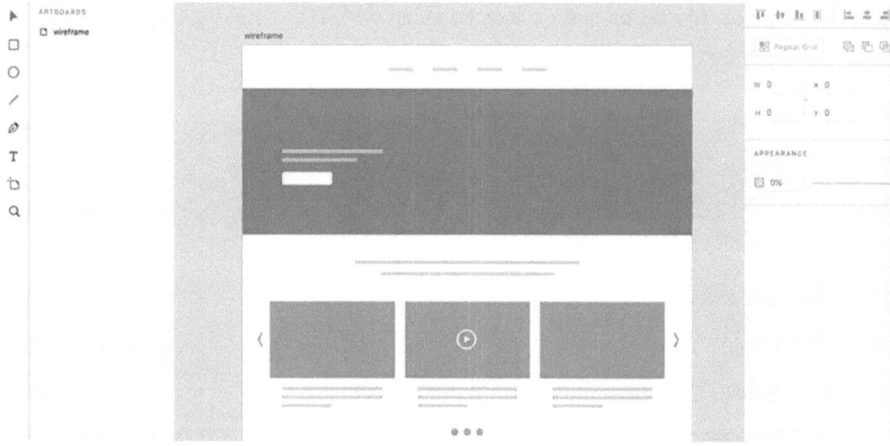

Abbildung 5: Vom Wireframe zum Wow-Effekt[49]

Bei der Darstellung von Wireframes wird zusätzlich noch zwischen zwei Arten unterschieden:[50]

- Low-Fidelity Wireframes
- High-Fidelity Wireframes

Low-Fidelity Wireframes zielen auf eine einfache und schnelle Darstellung des wesentlich ab. Sie sind kostengünstig in der Erstellung und werden oft mit Platzhalterinhalten wie „Lorem ipsum" versehen und sollen den Fokus auf das wesentlich lenken.[51] High-Fidelity Wireframes hingegen sind detaillierter als Low-Fidelity Wireframes und beinhalten unter anderem bereits korrekte Dimensionen, Informationen zu verfügbaren Inhalten und viele mehr. Die Einordnung in der Entwicklung wird wie in Abbildung 5 gezeigt, in den Prozess integriert.

---

[49] Vgl. Adobe XD (2020), URL, abgerufen am 20.12.2020
[50] Vgl. Essay Neue Technologien (2020), E-Learning Group, S.53
[51] Vgl. Wireframing (2020), URL, abgerufen am 20.12.2020

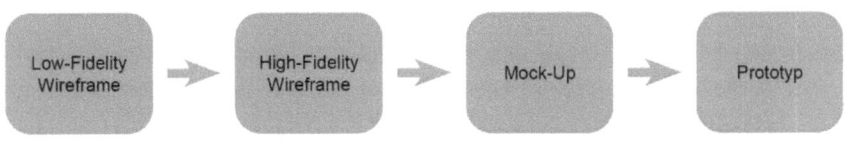

Abbildung 6: Wireframing (in Anlehnung an t2informatik)[52]

Mit Adobe XD könnte die ABC GmbH somit zuerst einen skizzenhaften Entwurf erstellen, diesen in ein abstrahiertes Wireframe (Low-Fidelity) übersetzen und anschließend in einer weiteren Phase mit der Erstellung des ersten Mock-Ups beginnen. Mithilfe von Adobe XD kann z.b. schon auf der Ebene des High-Fidelity Wireframes, mehrere Seiten der Webseite erstellt und interaktiv miteinander verbunden werden, um zu sehen wie der Ablauf des Nutzers auf der Webseite sein wird. In einem weiteren Schritt sollte auch das Responsive-Verhalten der Webseite, also wie die Webseite auf mobilen Endgeräten dargestellt wird, ebenfalls mithilfe von Wireframes gestaltet werden.

7 Effiziente App-Entwicklung

7.1 Progressive Web App - PWA

Die Weiterentwicklung von Web Apps wird als PWA (Progressive Web App) bezeichnet.[53] Eine PWA ist nichts anderes als eine über den Webbrowser mit Internetverbindung aufgerufene URL. Die aufgerufene Webseite erzeugt durch Ihr Responsive Verhalten den Anschein, eine native Applikation des verwendeten Geräts zu sein. Dadurch ist kein spezielles Betriebssystem für die Ausführung einer PWA vorausgesetzt und die Kompatibilität der Endgeräte steigt. PWAs werden in den Sprachen HTML, CSS und JavaScript geschrieben und basieren daher auf Webstandard.[54]

7.2 PWA vs. Native Apps

Im Vergleich zu nativ entwickelten Applikation und Web Apps, bieten PWAs zahlreiche Vorteile in Bezug auf Kompatibilität, Kosten, Zeitaufwand und Entwicklung. Ein wichtiges Merkmal von PWAs ist, dass die aufgerufene URL über den Webbrowser immer auf die letzte Version der Applikation zugreift. Im Vergleich zu einer nativen Applikation

---

[52] Vgl. Wireframing (2020), URL, abgerufen am 20.12.2020
[53] Vgl. Progressive Web Apps (2019), URL, abgerufen am 20.12.2020
[54] Vgl. Progressive Web Apps (2019), URL, abgerufen am 20.12.2020

muss man bei dieser von Zeit zu Zeit ein Update über den App Store ausführen lassen was auch gleich schon auf das nächste Merkmal einleitet. Für PWAs benötigt es auch keinen App Store, über den die Anwendung zuerst auf dem Gerät heruntergeladen und installiert werden muss, da diese über den Webbrowser aufgerufen wird. Ein daher weiterer Vorteil von PWAs im Vergleich zu nativen Apps ist, dass durch die fehlende Installation auf dem Gerät auch kein Speicher durch die Anwendung an sich belegt wird.[55]

7.3 PWA vs. Hybrid Apps

Hybrid Apps werden im Vergleich zu PWAs über einen App Store heruntergeladen und auf dem mobilen Endgerät installiert. Der große Vorteil hierbei von Hybrid Apps gegenüber PWAs ist, dass dieses durch die Installation eine höhere Anzahl an nativen Gerätefunktionen, wie z.B. der Kamera, den Kalenderfunktionen, GPS und NFC, nutzen können.[56] Jedoch bringt die Entwicklung von Hybrid Apps auch Nachteile im Vergleich zu PWAs mit sich. Denn im Vergleich zu PWAs, müssen bei Hybrid Apps zuerst noch diverse Modifikationen erledigt werden, bevor die Applikation für ein anderes Betriebssystem kompiliert wird. Die Umsetzung dieser Anpassungen können in der Zeit für die Bereitstellung beträchtlich höher sein als in der Entwicklung einer PWA.[57] Des Weiteren lassen sich PWAs einfacher auf Ihre Funktionalität testen als Hybrid Apps. Für die Entwicklung einer App in relativ kurzer Zeit für die ABC GmbH, sollte dabei auf die Entwicklung einer PWA abgezielt werden.

[55] Vgl. Progressive Web Apps (2019), URL, abgerufen am 20.12.2020
[56] Vgl. Progressive Web Apps (2019), URL, abgerufen am 20.12.2020
[57] Frey T., (2020), Interview, durchgeführt am 12.12.2020

Literaturverzeichnis

1&1 IONOS SE (2019), Progressive Web-Apps: Was versprechen die progressiven Apps?, URL: https://www.ionos.de/digitalguide/websites/web-entwicklung/progressive-web-apps-welche-vorteile-bieten-sie/, abgerufen am 20.12.2020

Agile Scrum Group B.V. (2020), Der Sprint-Backlog: Was Sie darüber wissen sollten. URL: https://agilescrumgroup.de/sprint-backlog/, abgerufen am 20.12.2020

borisloger consulting GmbH (2020), Scrum, URL: https://www.borisloger.com/agile/scrum/, abgerufen am 19.12.2020

Brandt-Pook Hans, Kollmeier Rainer, (2020). Softwareentwicklung kompakt und verständlich. Wie Softwaresysteme entstehen. Bielefeld, Springer Nature

Computerworld (2020): Arbeiten wie auf Wolken, URL: https://www.computerworld.ch/technik/best-practice/arbeiten-wolken-2514245.html, abgerufen am 15.12.2020

dev-insider (2019): Was ist Softwarequalität? URL: https://www.dev-insider.de/was-ist-softwarequalitaet-a-791790/, abgerufen am 16.12.2020

Frey, Thomas (2020), softwarefrey GmbH, Interview, am 12.12.2020

Graubner, Lorenz (2016), Der Unterschied zwischen einem Wireframe und einem Mockup, URL: https://www.webschmoeker.de/webdesign/unterschied-wireframe-und-mockup/, abgerufen am 20.12.2020

Gründerszene Lexikon (2019): Software, URL: https://www.businessinsider.de/gruenderszene/lexikon/begriffe/software/, abgerufen am: 05.12.2020

Helbling, Irmgard (2014), Software Struktur und Beispiele, URL: https://slideplayer.org/slide/1289368/, abgerufen am 07.12.2020

Henschel, Angelina (2015), Konzept und Design einer grafischen Benutzeroberfläche eines datenzentrierten Prozess-Management-Systems, URL: http://dbis.eprints.uni-ulm.de/1360/1/Angelina_Bachelorarbeit_FINISH_ueberarbeitungLiteraturver.pdf, abgerufen am 20.12.2020 it-zoom (2016): Standard- oder Individualsoftware beim ERP-System? URL: https://www.it-zoom.de/it-mittelstand/e/standard-oder-individualsoftware-beim-erp-system-15364/, abgerufen am 16.12.2020

Kohlbrenner, Nadine (2019): DSGVO-Checkliste für SaaS-Anbieter, URL: https://www.computerwoche.de/a/dsgvo-checkliste-fuer-saas-anbieter,3547321, abgerufen am 17.12.2020

Luber, S., Karlstetter, F. (2019): Was ist ein Webservice?, URL: https://www.cloudcomputing-insider.de/was-ist-ein-webservice-a-813849/, abgerufen am 18.12.2020

Microsoft Corporation (2020): Was ist Azure ExpressRoute?, URL: https://docs.microsoft.com/de-de/azure/expressroute/expressroute-introduction, abgerufen am 17.12.2020

Microsoft Corporation (2020): Was ist Cloud Computing?, URL: https://azure.microsoft.com/de-de/overview/what-is-cloud-computing/, abgerufen am 17.12.2020

Microsoft Corporation (2020): Was ist eine öffentliche Cloud?, URL: https://azure.microsoft.com/de-de/overview/what-is-a-public-cloud/, abgerufen am 17.12.2020

Red Hat Limited (2020): Was ist Cloud-Architektur?, URL: https://www.redhat.com/de/topics/cloud-computing/what-is-cloud-architecture, abgerufen am 17.12.2020

salesforce.com Germany GmbH (2020): Was ist SaaS?, URL: https://www.salesforce.com/de/learning-centre/tech/saas/, abgerufen am 17.12.2020

Schäuble, Sabine (2017): Standardsoftware oder Individualsoftware?, URL: https://www.mocoapp.com/blog/332-standardsoftware-oder-individualsoftware, abgerufen am: 05.12.2020

t2informatik GmbH (2020), Wireframing, URL: https://t2informatik.de/impressum/, abgerufen am 20.12.2020

Wirtschaftslexikon24 (2017): Standardsoftware, URL: http://www.wirtschaftslexikon24.com/d/standardsoftware/standardsoftware.htm, abgerufen am 13.12.2020

BEI GRIN MACHT SICH IHR
WISSEN BEZAHLT

- Wir veröffentlichen Ihre Hausarbeit,
  Bachelor- und Masterarbeit

- Ihr eigenes eBook und Buch -
  weltweit in allen wichtigen Shops

- Verdienen Sie an jedem Verkauf

Jetzt bei www.GRIN.com hochladen
und kostenlos publizieren